AF224793

ÉLOGE

DE

M. MATHIEU-ÉMILE ENJUBAULT

PRÉSIDENT A LA COUR IMPÉRIALE DE RIOM

MEMBRE TITULAIRE DE L'ACADÉMIE DES SCIENCES, BELLES-LETTRES
ET ARTS DE CLERMONT-FERRAND

Lu à la séance académique du 1er juillet 1869

PAR

M. LE PRÉSIDENT ANCELOT

Membre de l'Académie.

CLERMONT-FERRAND

FERDINAND THIBAUD, IMPRIMEUR-LIBRAIRE

Rue Saint-Genès, 8-10.

1869.

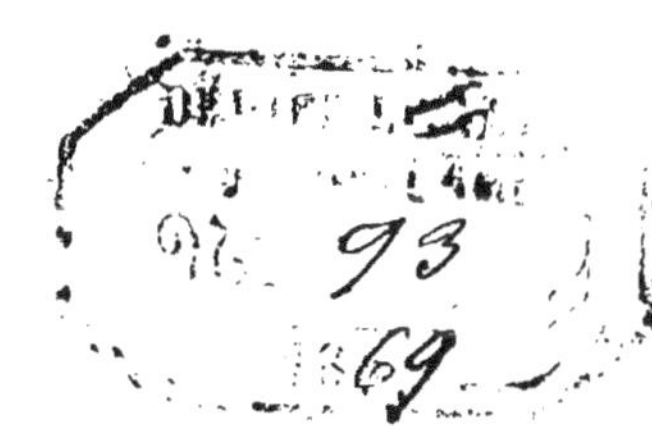

ÉLOGE

DE

M. MATHIEU-ÉMILE ENJUBAULT

PRÉSIDENT A LA COUR IMPÉRIALE DE RIOM

MEMBRE TITULAIRE DE L'ACADÉMIE DES SCIENCES, BELLES-LETTRES ET ARTS
DE CLERMONT-FERRAND.

MESSIEURS,

J'obéis à une pieuse prescription de notre règlement, et, plus encore, au vœu de mon amitié si cruellement frappée, en vous présentant ces pages funèbres. Je réalise aussi la trop flatteuse annonce que mon éminent collègue et confrère, M. Grellet-Dumazeau, a bien voulu faire entendre quand il m'a si généreusement suppléé dans le premier hommage à la belle vie qui venait de s'éteindre. Ma douleur n'était pas de celles qui peuvent parler au bord d'une tombe. Aujourd'hui, non moins affligé, mais plus fort, je remplirai cet office suprême pour lequel m'avait désigné le triste privilége d'une perte plus amère : c'est le droit du malheur qui m'a été réservé et que je vais exercer devant vous. Je voudrais donc, Messieurs, retracer fidèlement les traits distinctifs de cette mâle et pourtant si gracieuse figure, vous faire pénétrer avec moi dans l'intimité de cette âme si constamment voilée par la modestie, aussi attentive à cacher ses richesses que d'autres leurs misères, avide de paix, de retraite et de silence. Jamais je ne souhaitai davantage un peu de cet art magique qui peint avec le style les plus délicates nuances de la nature morale ;

jamais je ne me sentis plus impuissant à produire au dehors, sous des couleurs vivantes, l'image aimée qui vit au fond de moi-même. J'essaierai pourtant : c'est mon devoir, c'est aussi ma consolation. Entre toutes les satisfactions si abondantes que je devrai à mon titre académique, la plus précieuse aura été de pouvoir déposer dans vos Annales et transmettre ainsi à nos successeurs, comme monument de cette chère et noble mémoire, une effigie non pas de ce qu'il y avait en elle de périssable, mais de ce que l'immortel biographe d'Agricola appelait si bien *forma mentis æterna,* de ce qui n'est plus de la terre, et qui, seul pourtant, y laisse une empreinte durable dans les œuvres de l'esprit et du cœur.

Né le **21** décembre **1803**, à Saint-Béat (Haute-Garonne), dans une riante oasis au pied des Pyrénées, M. ENJUBAULT n'était pas cependant de race méridionale. La souche de sa famille était, est encore aujourd'hui dans la Mayenne ; les hasards de la vie transplantèrent une de ses branches sous le ciel du Midi. L'aïeul paternel de notre confrère, ancien juge du Comté de Laval et député du Maine en **1789**, avait tiré son nom de l'obscurité en siégeant avec distinction dans deux de nos assemblées politiques. C'est surtout dans la Constituante qu'il se fit remarquer par un habile concours à l'élaboration du nouveau Droit public. Membre du *Comité du Domaine,* il posa d'une main ferme et sûre, dans divers rapports que les jurisconsultes invoquent à l'occasion, les grandes bases du régime domanial qui devait reposer, non plus sur l'identification de l'Etat et du monarque, mais sur la souveraineté nationale. Son petit-fils se plaisait à raconter qu'il n'avait tenu qu'à lui, lors de la Constitution de l'an VIII, d'avoir un siége au Sénat, mais qu'il l'avait refusé pour rentrer dans la simplicité et la liberté de sa vie privée. Vous savez tous à quel point notre confrère avait recueilli fidèlement cette tradition de modeste indépendance. Il en était plus fier qu'il ne l'aurait été du souvenir de la dignité sénatoriale.

Pendant que le grand-père de M. Enjubault travaillait à

l'édifice législatif de la France nouvelle, son père la défendait de son épée contre l'Europe ennemie. Il avait pris notamment part à cette prodigieuse campagne d'Italie qui se place dans notre imagination fascinée à côté des plus éclatants récits de l'antiquité classique. Déjà sa vaillance et ses aptitudes militaires l'avaient fait officier, quand un coup de feu lui fracassa la main droite à la bataille de Lodi, et mit fin à ses services de guerre. Le général en chef, qui l'avait en estime marquée, voulut pourvoir à son avenir, et lui fit donner, pour retraite, un emploi de garde-général des forêts à St-Béat. Ce jeune fonctionnaire épousa bientôt une demoiselle Nicot, qui devint la mère de notre confrère, et lui fut enlevée, quelques années après, par la mort. Le nom de Nicot vous a rappelé de suite la conquête plus financière qu'hygiénique de la substance qui a cessé d'être nommée *nicotiane* Mais l'ambassadeur de François II en Portugal avait bien d'autres mérites, notamment celui d'une vaste érudition à laquelle notre langue a dû le premier modèle d'un *Dictionnaire français*. Un don privilégié d'intelligence semble être héréditaire dans cette famille. Il m'a été donné de connaître, trop fugitivement, il y a vingt ans déjà, un oncle à qui M. Enjubault avait justement voué un culte tout filial : c'était M. Nicot, alors recteur de l'Académie de Nîmes, vieillard admirable d'aspect comme de vertus et de talents, portant sur son visage la douce simplicité de Rollin, avec la majesté d'un patriarche sous sa couronne de cheveux blancs. Ce n'est pas exagérer que de dire qu'il a laissé dans tout le midi de la France un souvenir ineffaçable.

Vous le voyez, Messieurs, l'enfant qui entrait dans la vie en 1803, y trouvait plus d'un présage de succès et de mérites : vous savez s'il les a justifiés.

Ses études scolaires se firent naturellement au lycée de Toulouse, dans ce grand foyer d'instruction où les classes sont nombreuses, et l'enseignement d'un niveau élevé. Le jeune Enjubault ne s'en empara pas moins du premier rang parmi tant d'émules. Il se plaisait lui-même à redire, sans ombre de vanité après un si long temps écoulé, et, du reste, dans l'abandon d'une intimité discrète, ses victoires universitaires chaudement disputées. On devinait aisément d'ailleurs, à voir sa facile lecture des textes classiques, qu'il avait été de bonne heure helléniste et latiniste distingué. Mais ce n'était pas seulement par les versions et les thèmes qu'il s'était signalé. Les exercices poétiques lui avaient valu plus d'un laurier. Non content de mesurer l'hexamètre et le pentamètre, il aimait à façonner son inspiration dans tous les moules si variés de la prosodie latine. Je puis, Messieurs, vous en faire juges, car j'ai eu la joie très-vive de rencontrer dans ses manuscrits une ode sur *la mort de Cicéron*, qui lui valut le premier prix de vers latins en **1822**, ce dont vous ne serez pas surpris après l'avoir entendue :

Eheu! Roma ferox, flebiliter caput
Oppressum rigido pondere funeris
Inclines! Lacrymas signaque tristia
    Luctûs ad Superos feras!

Erumpant gemitus... Jam Cicero fuit.
Hunc plebs usque memor sollicitum patrem,
Hunc prostrata ducem Curia sedulum
    Junctis fletibus invocet.

O qui sanguineas ore fero queat
Enarrare manus quæ jugulant virum
Qui Romam potuit, tempore nubilo,
    Multâ cingere gloriâ!

Ingratam patriam charaque pignora
Incertis oculis respiciens, fugit.
Urget corda dolor, sed maculis carens
    Dîs est mente simillimus.

Quid?... Clamor subitus percutit aera...
Quò lymphata cohors, quò ruit impete
Tanto? Tela micant horrida... Quis furor
    Crudeles acuit minas?...

Hic dux jussa furens implet atrocia.
Heroa impavidum telaque militum
Arcentem aggreditur. Proh! miserum scelus
    Fulsit Roma tuum jubar!

Gens Romana tuis funera fletibus
Jam celare juvet. Vela scelus tegant.

Læsos nunc Superos in Capitolio
Flectat pluribus hostiis.

Umbræ magnanimùm gentis Achaiæ
Heroum impavidam de patriâ necem
Qui passi, Cicero, nunc nece clarior,
Vos inter sedeat Deus.

Mais ce n'était pas assez pour son entreprenante curiosité de s'approprier les mètres si divers de la poésie des Latins ; il avait, de lui-même, abordé la versification française et quelquefois concouru dans la langue nationale avec les vers latins de ses condisciples, non moins surpris que les professeurs eux-mêmes qui, toutefois, ne lui en adjugeaient pas moins la première place ou la couronne. On se rend compte sans peine de cet élan poétique quand on a pu sonder au fond de cette riche nature tout ce qu'elle renfermait, par un rare assemblage, de feu concentré, de vives saillies, de soudaineté dans les perceptions, à côté d'une sévère précision d'idées et d'expression. L'homme que vous avez connu si calme, si égal dans sa sérénité bienveillante, avait en lui, même au déclin de ses jours, une ardeur d'imagination et de sentiment dont il serrait le frein à son gré, mais non quelquefois sans effort. Que devait-il donc en être du jeune humaniste ? — Tout en suivant avec éclat la voie commune des travaux du collége, il se livrait avec passion à la lecture des œuvres littéraires, en vacances surtout. Avait-il mis la main sur un livre attachant, il s'enfonçait dans la solitude champêtre et l'y dévorait sans relâche. Toutefois, il s'adonnait aussi, avec un penchant particulier, aux sciences physiques, et ce penchant il l'a toujours gardé. Son esprit éminemment observateur le rendait très-apte à cette initiation pleine d'attraits. Lui-même en avait eu la conscience ; car il se destinait à la médecine. Mais il advint que le camarade (qui fut le docteur Fontan), chargé par lui de prendre sa première inscription médicale, interpréta mal son vœu en s'adressant à l'Ecole de Droit. A cette méprise, l'art de guérir perdit tout ce que la magistrature devait y gagner. Il commença donc son cours de Droit à Toulouse. Là, même vigueur d'application, mêmes succès. Le Droit romain, cette grande création du peuple-roi, avait puissamment captivé l'esprit du jeune étudiant. Aussi, ce goût lui était-il resté jusqu'à la fin. Après avoir subi les aridités des affaires, il aimait à se retremper aux sources vivifiantes de cette *raison écrite* dont les maximes auront toujours l'autorité du vrai et la haute saveur du plus beau langage. Mais il s'en fallait bien que le disciple de Cujas fût infidèle aux lettres, si aimées du grand jurisconsulte, à ces *humaniores litteræ* qui sont *l'homme tout entier*, a dit Napoléon Ier, tandis que les sciences *ne sont qu'une partie de l'homme*. Ses lectures étaient plus abondantes et fructueuses que jamais. Il fit alors d'amples provisions intellectuelles : ouvrages sérieux, ouvrages légers, prose et poésie, tout le vaste champ de la littérature française lui était devenu familier. Mais ce n'était pas assez pour sa curieuse avidité : il avait fait plus d'une excursion dans les littératures étrangères, notamment dans celles de l'Angleterre et de l'Italie, mais non point comme la plupart d'entre nous ont pu les faire, c'est-à-dire à l'aide de traductions plus ou moins incolores. Il fallait, à toute force, qu'il pénétrât l'original, et il le pénétrait avec une étonnante rapidité. Son énergique volonté n'y aurait pas suffi ; il y joignait une aptitude toute spéciale de sagacité et de mémoire à saisir, comme d'instinct, les racines, les désinences, le mécanisme et enfin le génie d'une langue inconnue. C'est au point qu'il affirmait, certes sans jactance, avoir pu lire, après quelques jours d'effort, le texte de la *Jérusalem délivrée*. L'idiôme anglais l'avait arrêté plus longtemps ; mais bientôt il avait été en état d'admirer les beautés natives du *Paradis perdu*. Il va de soi que la prose lui était plus accessible encore ; aussi, avait-il pris plaisir à transporter en notre langue, dans une facile et élégante version, le chef-d'œuvre de Goldsmith. L'allemand n'avait pas été oublié dans cette ardeur de curiosité du jeune linguiste. Quant à l'espagnol, il n'avait pu, en qualité de Pyrénéen, y demeurer étranger. Toutefois, il se plaisait surtout à la suave mélodie de cette langue romane, dont le culte est perpétué dans le Midi de la France par la prédilection des habitants et plus encore par la muse indigène.

M. Enjubault récitait avec bonheur et avec un charme de prosodie tout particulier, de longues tirades de cette poésie méridionale qui avait enchanté l'heureux âge où mon récit l'a laissé.

Il était ainsi arrivé au moment de revêtir la robe virile qui devait être pour lui celle du barreau. Tout était joie en lui dans l'épanouissement d'une jeunesse active et riche en promesses d'avenir ; le bonheur simple, qui est le seul réel, habitait au foyer paternel de St-Béat, quand un incident des plus imprévus vint jeter le trouble dans cette heureuse famille. La vie du fonctionnaire a aussi ses orages. Une incompatibilité de caractère et surtout d'idées sur le service forestier s'était graduellement prononcée entre le père de notre confrère et son supérieur immédiat. Elle eut pour conséquence une translation de résidence, avec les mêmes fonctions, à Mauriac. Cet exil dura plusieurs années. Le digne vieillard put rentrer à St-Béat sous un autre chef. Mais ce fut assez de ce déplacement temporaire pour décider de toute la carrière du jeune licencié en Droit. Supprimez-le par la pensée : M. Enjubault est inscrit au barreau de Toulouse ou de St-Gaudens, le chef-lieu de son arrondissement natal ; il devient magistrat dans le même ressort, et ni la Cour de Riom, ni l'Académie de Clermont n'auront possédé celui qu'elles déplorent aujourd'hui d'avoir perdu. — M. Enjubault prêta donc son serment d'avocat à Riom, devant l'illustre premier président Grenier dont il aimait à se rappeler l'encourageant accueil. Puis, il fit à Mauriac, auprès de ce siége toujours si bien fourni de procès, son noviciat judiciaire durant près de huit ans. Il avait dépendu de lui d'en abréger la durée ; et c'est ici la place d'un trait de fière délicatesse qui honorait également le père et le fils. La révolution de juillet 1830 venait d'éclater. Le vieux soldat d'Italie se trouvait en faveur. Des députés influents lui offrirent un fauteuil de substitut pour le stagiaire de Mauriac. Tous les deux refusèrent, se souciant peu de devoir cette promotion à la politique, et préférant attendre des temps réguliers. Je doute que pareille abstention se soit beaucoup répétée. — Le jeune avocat exerça de plus en plus activement sa profession, plaida quelques causes épineuses, y déploya une sagacité précoce unie à la gravité philosophique, et fit pressentir ce qu'il serait en sa maturité. Le séjour de la famille dans le Cantal était, je l'ai dit, un exil. Mais des relations agréables, amicales même, en adoucissaient les rigueurs, bien plus, y introduisaient la gaîté. M. Enjubault avait gardé un souvenir reconnaissant et plein de charmes des mœurs hospitalières de cette bonne ville de Mauriac.

Au milieu de ces douces habitudes de vie, il avait déjà franchi la trentième année. Son caractère et son talent s'étaient formés. Son bagage d'érudition et de pratique s'était enrichi. C'était l'heure d'opter entre le barreau et la magistrature. Je suppose que, laissé à lui-même, il aurait choisi le premier, tant l'attrait de la famille et d'une indépendance réglée agissait sur ce noble cœur fermé à toute ambition ; mais cette fois encore se rencontrèrent autour de lui de bienveillants et clairvoyants appréciateurs qui démêlèrent sa véritable vocation ; sa place était marquée d'avance dans cette généreuse milice du parquet qui soutient, la loi à la main, l'éternelle guerre du bien contre le mal. *Rassurer les bons, faire trembler les méchants,* comme il était bien fait pour ce haut office ! L'ordonnance royale du 19 mai 1834, qui l'appelait comme substitut à Cusset, le naturalisa dans notre ressort. Les chefs de la Cour eurent bientôt reconnu qu'il était supérieur à sa fonction. Ils se hâtèrent donc de l'élever, après trois mois, au poste de substitut au Puy, d'où il passa, le 22 décembre 1837, comme chef du parquet à Gannat. C'est là, Messieurs, que mon heureuse fortune me rapprocha, en 1842, comme subordonné, de cet homme d'élite. Je vous intéresserais peu et je demeurerais trop au-dessous de mes sentiments intimes en essayant de vous dire tout ce qu'il prodigua de bienveillance exquise, de délicate bonté pour m'initier à l'administration judiciaire et me faire aimer ma nouvelle existence. Vous le devinez mieux que je ne pourrais l'exprimer.

En 1844 (le 27 avril), une promotion qui pouvait paraître

tardive à tout autre que lui-même, vint lui ouvrir un vaste théâtre où il donna la mesure complète de sa valeur. Du Bourbonnais au Velay, la nature morale ne diffère pas moins que la nature physique. Il fallait autant de sagesse et de tact que de fermeté pour imposer le respect à ces populations à demi méridionales qui s'attachent vivement quand on a su les gagner, mais ne le font qu'à bon escient. La disette de 1847, les ardeurs politiques du temps mettaient à une rude épreuve les autorités gardiennes de la paix publique. Le procureur du roi n'y perdit rien de son ascendant moral. Bien loin de là, c'est au dernier terme de la monarchie que se noua entre le pays et lui le lien d'une adoption académique. — Vous savez tous, Messieurs, quelles que soient vos études, qu'à côté de notre Code civil, si heureusement *un* pour tout l'Empire, la législature a dû laisser subsister des usages locaux nés d'une tradition qui procède elle-même, en général, des conditions agricoles ou climatériques de chaque contrée. Le législateur ne pouvait faire violence à la force des choses ou même à des habitudes invétérées. Les hommes d'affaires, les juges, les habitants eux-mêmes, ont donc besoin de savoir ou, tout au moins, d'avoir *in promptu* ces règles coutumières. Par cela même, il est très-utile et désirable que, dans chaque circonscription juridique, elles soient recueillies et ordonnées méthodiquement par un explorateur patient. D'ordinaire et naturellement, c'est un enfant du pays qui fait ce travail bien épineux pour un étranger. M. Enjubault, qui comptait déjà plusieurs années de résidence au Puy, et qui s'y était attaché par la constance de son dévoûment, résolut de colliger ces usages urbains et ruraux, et il le fit, comme il faisait toutes choses, avec un infatigable soin, un discernement sévère, un ordre qui éclaire tout et des vues d'ensemble qui relèvent la sécheresse de la matière. Douze divisions comprennent tous ces sujets si variés (1).

(1) Usufruit, — Eaux courantes, — Curage des ruisseaux, — Droit de clôture, etc. — Tome XI, p. 516, des *Annales de la Société d'agriculture, sciences, arts et commerce du Puy.*

Chemin faisant, il sème çà et là des notions historiques, des réflexions, des anecdotes mêmes, qui soutiennent l'attention du lecteur. Tout respire d'ailleurs dans ce travail une observation approfondie des pratiques de la culture dans leurs derniers détails. C'est comme un programme anticipé d'enquête agricole. Il pressent également et présente comme très-réalisable la création de ce code rural tant de fois essayé sans résultat, et qui, vous le savez, sera discuté, dans son premier livre, à la prochaine session législative. Enfin, même en un sujet si aride, le style révèle bien vite un esprit formé à la haute école des lettres anciennes. Ce n'était là pourtant, à l'entendre, qu'*une ébauche, un premier et rapide essai;* mais c'était l'essai d'un maître. L'impression fut telle au sein de la *Société d'agriculture, sciences, arts et commerce du Puy,* que, sur la proposition du rapporteur qui lui soumettait le travail, elle proclama l'auteur, d'une seule voix, membre titulaire (1).

Quelques semaines plus tard, éclatait le coup de foudre de février 1848. Il fit une profonde blessure à l'âme de notre collègue, dévoué par devoir à la monarchie tombée, et, bien plus encore, de cœur, à la prospérité du pays. Ai-je besoin de dire qu'il n'eut pas un instant de préoccupation de lui-même ? Sans doute il aimait vivement ses belles fonctions, mais il était de ceux qui peuvent tout posséder sans être possédés par rien, parce qu'ils sont au-dessus de tout. Pour lui, le bonheur aurait été partout avec le travail et la dignité. Il voulait donc regagner sa chère retraite de Saint-Béat. Il s'attendait d'ailleurs à une chute commune avec tant d'autres. Sa modestie lui cachait sa puissance. L'opinion publique avait décrété l'inamovibilité du magistrat amovible. Chose admirable ! Il ne se trouva pas un prétendant qui osât briguer son siége. Le représentant du nouveau gouvernement au Puy ne l'admit pas un

---

(1) Je me fais un plaisir d'indiquer ici qu'en 1865, l'honorable président du tribunal du Puy, M. Bertrand, a publié un Recueil plus complet des mêmes usages, avec le concours des Commissions cantonales présidées par les juges de paix. C'est la réalisation du vœu exprimé par M. Eujubault. C'est aussi un exemple méritoire de ce qu'il faudrait faire dans tout l'Empire.

instant comme possible, et c'est pour sa mémoire un titre d'honneur. Le procureur du roi devenu commissaire de la république n'avait jamais été si puissant. Pas une décision, même administrative, n'était prise sans son adhésion. Il était l'âme de tout, le modérateur de tous : c'était la dictature de la vertu. S'élevait-il un de ces bouillonnements populaires si fréquents alors? un rassemblement menaçant apparaissait-il? Le chef du parquet, plus jaloux de prévenir que de réprimer, se mêlait à la foule sans aucun souci de lui-même, lui parlait, sans flatterie, l'énergique langage de la raison et de la loi, et voyait tomber à ses pieds l'aveugle effervescence. Il professait avec Pierre Pithou que « pour
» fermer la bouche aux plus audacieux, pour lier les mains aux
» plus scélérats » il n'y a rien « de plus fort, de plus puissant,
» de plus efficace que la sainte majesté des lois, de la justice
» et de l'équité. » Qu'est-ce donc quand cette majesté est personnifiée par un de ces hommes armés du double prestige de la passion du bien et de l'inflexibilité dans le devoir? J'appuie sur ce dernier trait, parce que la bienveillance prévenante et l'effacement volontaire de M. Enjubault devant les prétentions sans conséquence, ont quelquefois fait illusion à ceux qui voient surtout les dehors. Mais pour tous ceux qui ont su lire par-dessous les apparences, pour tous ceux surtout qui l'ont vu sur la brèche dans les temps difficiles, M. Enjubault demeurera le type du courage civil le plus rare de tous. Nos héroïques parlementaires l'auraient reconnu pour un des leurs. Placez-le sur une plus grande scène, supposez-le au premier plan dans un des drames solennels de l'histoire, et la France aurait compté un autre Mathieu Molé. Une fois atteintes les dernières limites où la tolérance se changerait en faiblesse, il avait pour devise : *hic murus, aheneus esto.* C'est ainsi que, dans son arrondissement, il fut le plus influent restaurateur et la plus solide colonne de l'ordre rétabli. Deux années encore, il y continua son double ministère de moteur de l'action publique et d'organe de la loi, soit devant les juridictions répressives, soit devant la justice civile. Que d'incessants efforts dans ces deux directions remplissaient ses jours et quelquefois ses nuits !

Devant les actes punissables, il s'érigeait en premier juge : calme, sondant toutes choses, indulgent pour les écarts légers, sans pitié pour les infractions graves. Malheur au coupable qui avait en face de lui cet accusateur trois fois convaincu ! Sous ce regard de la loi faite homme, sous cet accent retenu mais vibrant d'une intime émotion, en écoutant cette parole démosthénienne qui allait si droit à la preuve, il se sentait déjà condamné. Que s'il s'agissait d'opiner le premier publiquement dans les procès civils, M. Enjubault apportait une analyse profonde du fait et du droit, bientôt suivie par la synthèse ; tout était pesé au poids du sanctuaire ; le jugement était écrit d'avance dans la conscience du juge. Mais c'était peut-être dans l'administration judiciaire qu'il excellait le plus. Je ne sais s'il est possible de le surpasser en cette partie. Il était évidemment né pour la direction : du reste, il y trouvait un charme qui décelait clairement sa vocation. Son grand principe était la sobriété dans les moyens d'action : la faire sentir le moins possible sous la forme impérative (*fortiter in re*, *suaviter in modo*); animer de sa pensée des auxiliaires, leur laisser le mérite, plus apparent que réel, de bien la saisir dans des instructions lumineuses, soutenir ainsi leur zèle par le sentiment de leur importance, imiter en cela la Providence, cette administration divine, qui se dissimule derrière les causes secondes, c'était là le secret, plus facile à expliquer qu'à pratiquer, de ce chef éminent de parquet. Pas une difficulté incidente ne le prenait au dépourvu. Il avait prévu tout ce qui peut être prévu en engageant une affaire. D'avance, il avait aperçu tous les ressorts humains qu'elle pouvait mettre en jeu. Si la décision appartenait à ses supérieurs, il proposait son avis avec tant de justesse et de netteté que ne pas l'adopter semblait impossible. Je ne crois pas, du reste, que la langue administrative ait été jamais mieux écrite. — Que dirai-je enfin de cette censure morale, le plus bel attribut du ministère public, mais qui vaut surtout par le magistrat dont elle émane ? M. Enjubault était vraiment un censeur public, d'abord par sa vie toute seule, puis par les avertissements, les remontrances, les flétrissures secrètes, les exhortations fortifiantes qu'il employait à propos. Sa maison était un autre palais de justice, où quiconque était reprochable, mais avait encore du cœur, n'entrait pas sans frémir. C'était bien, pour appliquer ici et à plus juste titre encore ce que nos pères disaient de l'avocat supérieur, le *privato in limite prætor*. De la sorte et sans éclat, les officiers publics étaient maintenus dans la discipline et le devoir, les parents et les époux réconciliés, les auteurs de méfaits légers ramenés à la droite voie.

Vous n'aurez aucune peine, Messieurs, à vous représenter de quel ascendant tout exceptionnel, surtout en un temps d'énervation du pouvoir, ce procureur de la république était investi par un respect universel, puisque votre cité l'a vu, en janvier 1850, inaugurer parmi vous les mêmes fonctions, et les rehausser bientôt du même prestige. Il vous arrivait en sa pleine maturité. Après tant de laborieuses étapes, il obtenait tout à la fois le signe officiel de l'honneur qui rayonnait déjà dans toute sa vie, et le premier des parquets qui relèvent de celui de la Cour. C'était le degré culminant de sa magistrature militante. Il se glorifia toujours de l'avoir occupé. Le bien qu'il y fit comme partout, mais dans une sphère d'action plus étendue, sa vigoureuse et calme défense de l'ordre si menacé, le raffermissement de l'esprit public par son impassibilité confiante, je n'ai pas à vous l'apprendre : beaucoup d'entre vous pourraient, mieux que moi, l'attester. Ce que je puis autant que personne affirmer, c'est la précieuse impression qu'il avait gardée de l'accueil empressé et des déférences flatteuses de la population de Clermont. Quatorze mois de résidence au milieu de vous lui avaient suffi pour emporter les plus vifs regrets quand un décret impérial du 10 avril 1851 combla ses vœux intimes mais jamais exprimés, en l'appelant à l'un des siéges de conseiller de la Cour de Riom.

Un repos relatif allait-il donc commencer pour sa vétérance?... On a pu naturellement le penser. Peut-être se l'était-il promis à lui-même; mais ce n'était qu'une illusion. Ce nouveau conseiller était un de ces athlètes de l'intelligence et du devoir

qui diraient comme votre grand Arnaud : « Travaillons, tra-
» vaillons : nous aurons tout le temps de nous reposer en pa-
» radis. » — Allait-il, du moins, accorder à son âme jusqu'ici toujours absorbée par le dévouement au bien public, ces
joies délicieuses de la famille qu'il méritait si bien? Ferait-il
donc enfin une halte, même tardive, dans cette existence
complète de l'époux et du père dont il aurait été le modèle?
Ces tendres affections devaient attirer sa nature aimante.
De belles alliances se présentaient à lui d'elles-mêmes. Et cependant, il a vécu seul, il est mort seul... Ici, Messieurs, je
touche à un délicat mystère de cette noble vie, mystère qui,
pour d'autres, pourrait être celui de l'égoïsme, pour d'autres
encore celui d'un cœur blessé, et qui, j'en suis assuré, fut
pour M. Enjubault l'austère secret du sacrifice. — De ses
deux sœurs également chères et dignes, l'une était demeurée
veuve avec une fille en bas-âge. Protéger la première, tenir
lieu de père à la seconde, c'était là une mission toute tracée au
frère et à l'oncle par son besoin de se dévouer. Désormais, plus
de vide dans son existence, plus de solitude morale. Il vivrait
extérieurement seul, mais son âme habiterait au foyer domes-
tique de Saint-Béat; elle y veillerait à la place de l'aïeul dis-
paru, elle y régirait toutes choses, elle y pourvoirait à tout,
même de loin, comme une invisible Providence. Voilà,
Messieurs, comment je m'explique d'instinct ce célibat, si
exemplaire d'ailleurs, de mon ami, ou plutôt ce sont les faits
qui me l'expliquent, c'est la constante exécution de ce programme d'abnégation bienfaisante qui me le rend manifeste.

Rien donc ne devait changer dans la vie de M. Enjubault
quand il vint prendre place au sein de la Cour impériale de Riom,
rien, si ce n'est sa fonction même. C'était une forme nouvelle
de sa pratique continue du devoir, une forme qui convient es-
sentiellement à la gravité de l'âge mûr. Après avoir longtemps
éclairé les voies de la justice civile et répressive, il allait la dis-
penser à son tour : ministère si beau mais si redoutable, où Bossuet trouvait *une espèce de martyre*, que Domat qualifiait de
divin à l'exemple des livres saints, non, certes, pour flatter

ceux qui jugent, mais pour les faire trembler devant leur faiblesse. Plus que bien d'autres, M. Enjubault éprouva ces tour-
ments de conscience, surtout au début, et cependant il était
comme prédestiné par la nature et les habitudes de son esprit
à l'office de juge. Doué de facultés analytiques et critiques à un
haut degré, ne se lassant jamais dans la poursuite obstinée
de la vérité, démêlant comme avec une loupe, les ramifica-
tions les plus déliées des affaires complexes, pesant dans la
balance de son exquise sagacité les plus minces éléments de solution, mais se gardant bien toutefois d'un excès d'analyse qui
dissout sans recomposer, et discute sans conclure, s'inspirant,
pour décider, du fond même des choses et de la raison de la
loi pénétrée sous sa lettre, que lui manquait-il pour cet *art* de
juger si difficile? Oui, c'était bien là le *sacerdos legum veram
non falsam philosophiam affectans*, comme parle un texte élo-
quent du Droit romain, ou plutôt c'était le disciple de nos grands
magistrats des derniers siècles, animant, vivifiant le droit par
un souffle chrétien, c'est-à-dire, le rapportant sans cesse à son
éternel exemplaire qui repose au sein de la justice divine. S'a-
gissait-il d'une de ces causes qui agitent péniblement la conscience du juge par un choc d'arguments opposés? le conseiller avait hâte de s'enfermer dans sa cellule de Bénédictin pour
creuser, méditer la question abstruse; il s'en préoccupait même
dans les intervalles de son sommeil, et quand enfin il avait
fixé son opinion, quand surtout elle avait pu prévaloir, quelle
délicieuse joie dans les profondeurs de sa conscience! On la
voyait rayonner sur son visage : un jour de fête lui avait été
donné.

Plus vives encore étaient ses anxiétés quand il exerçait ce
grand ministère de la présidence des assises, et combien de
fois n'en fût-il pas revêtu pendant quatorze ans! Un terrible
problème se posait alors devant lui dans les causes graves. Que
d'efforts d'esprit pour en préparer la vraie solution! Quel in-
quiet souci des garanties de l'innocence possible! Jamais ne
fut plus religieusement mise en pratique la maxime de nos anciens magistrats qu'on se figure pourtant si prompts à punir :

pro accusati laborare innocentia (1). C'était là sa première pensée ; on aurait pu croire quelquefois qu'il y cédait trop. Et cependant, M. Enjubault était aussi un magistrat d'autrefois par l'inflexible rigueur envers les coupables. Il ne connut jamais ce que d'Aguesseau appelle si bien *la compassion criminelle et la miséricorde inhumaine* à laquelle tant d'esprits systématiques, pour ne pas dire de cœurs blasés, sacrifient aujourd'hui. Ne frapper qu'à coup sûr, mais frapper fort pour réaliser les fins du châtiment, telle était la devise de cet homme si bon et par cela même si ennemi du mal. Il ne trouvait pas seulement dans les présidences d'assises une solennelle mission à remplir. Elles étaient pour lui la précieuse occasion de revoir des collègues laissés dans les tribunaux et chers à son souvenir. Insensible aux hommages purement officiels, il était bien loin de l'être aux témoignages si empressés de respect et d'affection qui saluaient sa venue dans tous les siéges d'assises.

Mais ce n'étaient pas les seuls plaisirs de cœur qu'il dût à ses fonctions de conseiller. Le plus doux pour lui était naturellement la liberté de passer, presque toujours du moins, ses deux mois de vacances, au milieu des siens à St-Béat. L'exilé reprenait alors avec une de ces bonnes joies de la jeunesse, le chemin de ce pays natal où il se promettait de savourer un jour sa retraite. Jamais, me disait-il, il n'avait revu ces pics élancés des Pyrénées qui dominaient la jolie vallée d'Aran, sans un vigoureux battement de cœur. Comment donc (on s'est fait cette question) ne poursuivit-il pas un rapprochement judiciaire de ce séjour si aimé ? Je puis y répondre qu'il se décida, une seule fois, non sans combat intérieur, à hasarder une demande de promotion dans une des deux grandes cours du Midi où il comptait des amis dignes de lui. Il ne fallut pas moins que l'appel de son vieux père, et le cri de sa piété filiale pour le décider à ce qu'il estimait être une faiblesse : solliciter n'importe quoi. Le mériter, c'était tout pour lui ; l'obtenir était secon-

(1) Séguier. (Réquisitoire contre le mémoire justificatif pour trois hommes condamnés à la roue).

daire. Il s'abandonnait avec une soumission sans réserve à ses supérieurs. Sa démarche demeura sans résultat. Elle ne fut jamais renouvelée : notre ressort devait donc le conserver jusqu'à la fin. Je ne puis me défendre de la pensée que, son père une fois mort, il fût heureux d'y demeurer. Non certes que ses sentiments de famille n'en souffrissent pas : qui pourrait le croire ? mais de nombreux liens d'amitié, mais de longs souvenirs, mais d'insignes services, mais, pourquoi ne pas le dire ? une légitime fierté l'attachaient à ces belles provinces qui avaient suivi et honoré sa vie publique. A la famille pour la dédommager, ses vacances annuelles, ses sollicitudes sans relâche et ses années de vieillesse, si Dieu les lui accordait. Déjà, Messieurs (ô vanité de nos espérances terrestres) il s'était préparé une maison rustique à Saint-Béat, au cœur de son modeste domaine. *Hoc erat in votis.* Quelles vives et poétiques peintures il m'envoyait chaque année et du paysage et des récoltes, et de ces majestueuses cîmes qui *bleuissent à l'horizon !* Son imagination était rajeunie par l'enthousiasme. Parfois même, il remontait sa lyre longtemps délaissée, et en faisait jaillir des accents tantôt enjoués, tantôt sérieux. Par exemple, en septembre 1867, abrité dans son asile de paix, et de là, comme le philosophe de Lucrèce en face de la tempête, mais avec tristesse, jetant un regard sur les tumultueuses rêveries de notre époque, il adressait cette apostrophe à l'*Opinion :*

> Opinion qui, dans le monde,
> Prétends à l'empire absolu,
> Dis sur quoi ton pouvoir se fonde.
> Opinion, parle... Qu'es-tu ?

Puis il la jugeait à ses œuvres :

> Souvent un souffle pur t'anime ;
> Tu viens, messagère du ciel,
> Affirmer la croyance intime
> Et célébrer l'ordre éternel :
> Dieu, les lois qu'il nous a données,
> L'âme et ses grandes destinées...
> . . . .

Mais, parfois, aveugle ennemie
Des dogmes les plus consolants,
D'une triste philosophie
Tu raccordes les éléments ;
Tu divinises la matière,
Et nous ramènes dans l'ornière
De l'aveugle fatalité.
Ou bien, tu nous livres au doute
Et ne laisses à qui t'écoute
Que misère et perplexité....

J'ai la foi : je marche avec elle
Vers un glorieux avenir.
Dieu qui créa l'âme immortelle
Doit récompenser ou punir...
. . . .

D'une doctrine moins vulgaire
Qui nous abandonne au hasard,
Le philosophe humanitaire
Se hâte de nous faire part.
Des atômes de Démocrite
La fécondité ressuscite
Au milieu des brumes du Nord,
Et, dans cette âme universelle
Qui sans cesse se renouvelle,
Crimes, vertus ont même sort !...

Je ne peux comprimer ma plainte
Quand le trouble est dans les esprits,
Qu'on sape la croyance sainte,
Qu'on la livre à tous les mépris.
Où donc édifier le phare
Que l'œil cherche quand je m'égare
Sur un océan tourmenté ?...
M'apprend-on, du moins, quel rivage
Après un désastreux naufrage
Doit m'offrir l'hospitalité ?...
. . . .

Je franchis des strophes qui sont trop actuelles pour être lues ici, et je passe à la conclusion :

   Et cependant, que de merveilles
Aux cieux, sur terre et dans les mers !

J'écoute dans mes longues veilles,
Leurs inénarrables concerts.
Dans l'ensemble où tant d'ordre éclate,
L'homme, attristante disparate,
Faillirait au divin propos !
Celui qui dans ma conscience
Mit un rayon d'intelligence,
Aurait fini par le chaos !...

Non ! ce n'est pas là qu'il nous mène
Ou par l'esprit ou par le cœur.
Oh, non ! sa bonté souveraine
Ne nous forma pas pour l'erreur.
La vérité n'est point vaincue
Quand elle meurt par la ciguë
Ou qu'elle expire sur la croix.
Non ! ce sublime sacrifice
Promet l'heure de la justice
Et le règne des saintes lois...

Vous voyez, Messieurs, si votre confrère savait asservir au joug du rythme et animer, en les colorant, les plus abstraites pensées. Et pourtant il m'écrivait avec grâce : « Je ne m'ima-
» gine nullement que les Pyrénées soient un Parnasse, ou que
» les eaux de la Garonne puissent rivaliser avec les sources
» inspiratrices de l'Hyppocrène. » Non, il n'avait pas la pré-tention d'être poète, cet appréciateur si judicieux de toutes choses, mais il aimait à mêler aux occupations champêtres de ses vacances, le culte de ces lettres chéries qui, disait l'orateur romain, sont de si commodes compagnes. *Nobiscum peregri-nantur rusticantur.*

Il y mêlait aussi l'exercice de sa vertu familière, le dé-vouement. On l'attendait avec impatience à Saint-Béat pour pacifier les démêlés. Avec lui, arrivaient l'obligeance cordiale, la sympathie pour les malheurs, l'appui pour les faibles, la direction pour les ignorants, bien plus encore, Messieurs, le courage au milieu des calamités publiques. Ses compatriotes n'oublieront jamais, sans nul doute, que, lors d'une invasion du choléra dans leur ville, il ne cessa de visiter les malades ,.

de consoler les familles atteintes, de relever l'énergie publique, sans jamais faire un retour sur son propre péril ainsi aggravé par sa charitable imprudence.

Je vous parlais, Messieurs, de ses délassements littéraires durant les vacances. Mais ce n'était pas seulement à Saint-Béat qu'il en goûtait le charme plus vif encore pour lui après une privation presque totale durant les dernières années de sa vie de parquet, car elle avait été dans toute la force de l'expression *cette honnête et noble servitude* dont parle Larocheflavin. Il pouvait enfin, dans le calme de ses fonctions de conseiller, renouer la chaîne de ses habitudes d'esprit. Presque chaque jour, des heures libres lui restaient pour son besoin passionné de l'étude dans les directions les plus variées. — Science du droit (surtout puisée dans les sources romaine et coutumière) ; sciences naturelles, économie politique, philosophie, littérature, étaient successivement tributaires de ses actifs loisirs. Mais ce qui faisait par-dessus tout ses délices, c'était la lecture assidue des écrivains de l'antiquité classique. Ce vers si connu

> Qui nous délivrera des Grecs et des Romains ?

aurait été pour lui un blasphème s'il avait pu faire autre chose qu'en rire. Il pratiquait, au contraire le

> Nocturnâ versate manu, versate diuturnâ.

Il était rare que je ne le trouvasse pas avidement penché sur un in-folio des derniers siècles qui renfermait un trésor de prose ou de poésie latine. Comme il se délectait à cette lecture ou nouvelle ou répétée ! Quel savoureux aliment pour son esprit dans ce bon sens si ferme, dans ces impressions si profondes ! Quel enchantement pour son imagination dans ces vivants tableaux, pour son oreille méridionale dans cette langue sonore des maîtres du monde! Il n'aimait pas moins leur mâle et hardie concision. On en retrouve le cachet au fond de son style, à côté de ce *molle facetum* qui était l'atticisme des La-

tins. Nul doute qu'il n'ait dû en grande partie ce reflet si mar-
qué de l'antique au rude exercice de la traduction des chefs-
d'œuvre , à cet intime commerce entre l'original et l'interprète
qui fut aussi l'école de nos grands écrivains. Je sais même
que lui aussi , après tant d'autres , s'était laissé tenter par le
plus intraduisible de tous les poètes , par celui qui , depuis Au-
guste , est en possession de charmer tous les lettrés en les dé-
sespérant. Mais par malheur , de tous ces essais je n'ai pu en
découvrir qu'un seul échappé en 1821 , de la verve du jeune
humaniste , qui sut , à 17 ans , faire revivre en vers pleins
de souffle la belle Ode à Mercure (liv. iii). Lui-même n'avait-il
pas fini par devenir un peu romain en se nourrissant ainsi
depuis son adolescence , de la moëlle des lions ? C'était , du
reste , en lui une parenté de plus avec nos anciens parlementaires. On a très-justement fait remarquer qu'ils « unis-
» saient à la simplicité mâle et franche des mœurs de la vieille
patrie, toute la constance du stoïcisme romain (1) , » et l'on a
non moins justement pensé que la tradition littéraire n'y avait
pas peu contribué. « Observez , dit un annotateur de Rollin ,
» que l'étude des auteurs grecs et latins donnait à nos ma-
» gistrats un grand esprit de liberté , une certaine gravité de
» mœurs, et je ne sais quelle physionomie romaine très-
» remarquable. Caton le Censeur semblait avoir légué son
» esprit et ses traits à plus d'un membre de nos anciens par-
» lements (2). » Pour quiconque a un peu pénétré dans la
nature de M. Enjubault, cette observation paraîtra sans doute
exacte. Mais ajoutons bien vite que cette empreinte catonienne
était adoucie , épurée , relevée par le sceau divin du christia-
nisme. — Vous venez, Messieurs, de le contempler avec moi
dans sa plus chère étude. Mais il faut encore que je vous le
montre s'imposant à côté du travail officiel, un travail officieux
qui , souvent, n'était pas moins absorbant. Je veux parler de

(1) Philarète Chasles. Etudes sur le xvie siècle.

(2) Note sur la page 170 du tome I du *Traité des Etudes de Rollin* (Edition.
de 1824).

cette magistrature de paix qu'il exerçait à Saint-Béat, du fond
de son cabinet de Riom. Des différends sérieux menaçaient-
ils la concorde d'une famille de son pays bien-aimé ? tout aus-
sitôt les cœurs et les prières d'intervention se dirigeaient vers
l'ami, le patron vénéré, l'arbitre aussi dévoué qu'impartial qui
ne reculerait pas devant un surcroît de labeur pour prix d'un
bienfait de plus. Titres, documents, procédures (quand déjà
le litige était ouvert), arrivaient donc dans le cabinet du conseiller qui, cette fois, jugerait seul et en dernier ressort. Il
explorait à fond et les faits et le droit, cherchant la part qui
pouvait être faite à l'équité, et envoyait à Saint-Béat un mémoire complet avec une solution pacifique que tous acceptaient
sans hésiter. C'était alors une des plus douces jouissances de
notre confrère.

Il vivait ainsi, Messieurs, depuis cinq années, à Riom, en-
veloppant d'un voile de modestie et ses dévoûements, et sa riche
instruction, et son amour passionné des lettres, quand vos
rangs s'ouvrirent pour lui. C'est vous dire que le secret de son
mérite intellectuel avait été surpris par d'amicales trahisons,
ou plutôt, il s'était trahi lui-même par ce parfum philosophique et littéraire qui se dégageait de ses moindres paroles. On
peut donc dire que l'Académie de Clermont le conquit par attraction. Nul plus que lui ne se sentit honoré de l'élection qui
l'en fit membre titulaire en 1856. Mais, comme il ne séparait
jamais un honneur des devoirs qui en sont le prix, votre nouveau confrère se hâta d'acquitter sa dette académique par un
discours de réception (1) qui aurait suffi à vous révéler, si vous
ne l'aviez su déjà, sa haute distinction d'esprit et de cœur.
Grandeur du sujet, profondeur de la pensée, éclat de la forme,
tout s'y rencontrait pour frapper le savant auditoire. « Le pro-
» grès, sa légitimité, ses phases, sa marche dans les siècles à
» travers les sociétés diverses. » Telle est la vaste carrière que
le nouvel académicien avait su embrasser d'un regard, retracer
en traits rapides mais lumineux, pour en faire sortir non point

(1) Séance du 6 mars 1856.

le panégyrique enthousiaste qui aurait été un excès, mais une consolante apologie de la civilisation moderne. Je dois, à regret, m'interdire tout développement, mais je suis assuré, Messieurs, de vous faire plaisir en reproduisant ici ces quelques lignes les plus éloquentes que je me souvienne d'avoir lues sur la poésie :

« Que d'autres barbares se liguent pour anéantir les plus
» magnifiques productions de l'esprit ; qu'Homère, Virgile et
» Milton disparaissent : on verra la poésie survivre à ce dé-
» sastre. On entendra partout son immortelle voix, dans les
» forêts, dans le frémissement des mers, dans les bruits de la
» terre, dans les harmonies du ciel. Toujours elle portera
» vers le Créateur l'enthousiaste élan de l'admiration et de
» la reconnaissance ; toujours elle respirera dans la tendresse
» et la pitié ; toujours elle s'exaltera dans le courage et dans
» l'amour de la patrie, sources intarissables du beau où les
» poètes des âges passés ont puisé avec abondance, et où
» viendront s'enivrer encore les poètes des âges à venir. »

N'avez-vous pas cru entendre la plus harmonieuse prose et aussi la mieux inspirée du chantre des *Méditations ?* — Et cependant M. Enjubault avait, au suprême degré, l'esprit positif et, comme on dit de nos jours, *pratique.* Rare alliance des facultés les plus diverses ! Il en déploya, quelques mois plus tard, le saisissant contraste dans ses *Considérations sur la situation morale de la France, d'après les statistiques criminelles* (1). En effet, Messieurs, c'est encore l'accent si littéraire du discours inaugural que l'on retrouve à côté de l'aride appareil des chiffres. C'est surtout le philosophe chrétien qui reparaît avec ses larges vues, en même temps que l'observateur des plus sagaces. On ne saurait dire : *Non est hic locus ;* car c'est le sujet même du discours de réception qui se prolonge dans cette étude spéciale. — Dans l'un, la bienfaisante loi du progrès était manifestée par les invincibles tendances et les évolutions successives de l'humanité ; dans l'autre, c'est une contre-épreuve expérimentale appliquée à l'état moral de la

____

(1) Annales de l'Académie, 1856.

France depuis un quart de siècle. Or, quelle pierre de touche plus sûre que cette statistique judiciaire, construite chaque année, avec un soin si rigoureux, par le Ministère de la justice, et érigée en monument du premier ordre par un bénédictin laïque, au prix de trente années de labeur (1)? Comme le dit énergiquement **M.** Enjubault, *un puissant intérêt palpite* au-dessous de ces tableaux de chiffres. *L'histoire morale* de notre temps s'y réfléchit avec une précision photographique, dans ses lignes saillantes ; mais c'est une image décevante pour le regard d'un esprit superficiel. Vous savez, Messieurs, tout ce qu'il y a de périls dans une application extrême, j'allais dire brutale, du calcul aux choses morales. Il faut savoir faire parler les chiffres, les rapprocher, les tempérer l'un par l'autre, y introduire comme *fonctions* cachées toutes les influences mêlées qui les expliquent, et enfin, ne pas dépasser les prémisses dans la conclusion finale. Voilà ce que notre confrère a supérieurement exécuté dans son travail, qui peut être présenté comme un modèle du genre. Evidemment, il échappe à l'analyse ; mais je tiens à vous montrer par un exemple ce qu'est, en cette matière, le don de *seconde vue* que possédait si bien **M.** Enjubault. — De 1825 à 1853, la population de la France s'était accrue d'environ quatre millions d'habitants. Les rapports du nombre des accusés de crimes au total de cette population, à ces deux dates, étant donnés, suffirait-il de comparer ces deux rapports pour avoir un *criterium* exact du mouvement de la moralité publique entre 1825 et 1853? Au premier rapport, on dirait *oui*. **M.** Enjubault dit *non* en toute assurance, et justifie sa négation. Ecoutez-le pour être convaincus :

« Est-il bien vrai que les modifications que fait subir à la
» société l'introduction de près de quatre millions d'habi-
» tants dans l'espace de 25 ans, s'apprécient moralement par
» les rapports abstraits existant entre des nombres? Le mou-
» vement de la criminalité doit-il être mesuré par la même

____

(1) M. Guerry, auteur de la *Statistique morale* de l'Angleterre et de la France.

» méthode et de la même manière que l'accroissement numé-
» rique de la population ? Nous ne le penserions pas. S'il est
» possible et facile de calculer ce qu'il faudra demander à l'a-
» griculture et au commerce pour alimenter ou entretenir un
» excédant de population et pour subvenir à des nécessités pu-
» rement matérielles, il n'est pas aussi aisé de déterminer
» l'influence du nouvel élément dans le milieu social. Ces
» quatre millions d'habitants ne sauraient être considérés
» comme un peuple à part, soumis à une sorte de contribution
» proportionnelle. Ils solliciteront diversement la masse, et
» la masse à son tour exercera sur eux son action. Il en résul-
» tera une complication de sentiments, de passions, de be-
» soins et d'intérêt qui multipliera les froissements et les con-
» flits, qui produira un ébranlement général, qui pourra même
» changer la société. Le régime tout entier d'un grand fleuve
» est souvent bouleversé, jusque dans ses profondeurs, par
» les eaux grossies d'un affluent... Il est théoriquement très-
» difficile de graduer le thermomètre de la moralité. Des ex-
» périences qu'on aurait eu la faculté de généraliser pourraient
» seules fournir des données approximatives, et montrer,
» en combinant des éléments diversifiés à l'infini, à quelle
» puissance doit être élevée la criminalité pour répondre, terme
» par terme, à la progression numérique représentant le mou-
» vement de la population. Jusque-là, les computations man-
» queront d'une base solide. » Le judicieux auteur rend son
principe palpable en montrant qu'à Paris le nombre constaté
des délits et des crimes était, en 1853, de $\frac{1}{7}$ de tous ceux qui
sont poursuivis en France, au lieu de $\frac{1}{25}$, proportion donnée
par les populations respectives. Il conclut donc irréfragablement
que la *densité de la population propage l'esprit de révolte et
de désordre*, et qu'en *arithmétique morale, on ne saurait,
sans tomber dans l'erreur, appliquer les règles ordinaires
de la proportionnalité.* C'est avec la même perspicacité que
l'éminent moraliste commente les principales données de la
statistique officielle en soutenant l'intérêt par de vives images
et des citations pleines de relief. Mais, chemin faisant, il ren-

contre et aborde de plus hautes questions, — celle du jury qu'il défend résolûment avec autant d'impartialité que de justesse, — celle des circonstances atténuantes dont il regrette l'introduction en 1832, dans notre code pénal, et met les inconvénients en vive lumière, — celle des méfaits commis par les enfants, et à ce sujet des établissements pénitentiaires qui ont été créés pour eux par une admirable charité, — celle de notre système de détention qu'il disculpe, tout en souhaitant des perfectionnements, du reproche de causer les récidives si multipliées — et enfin, quelle est la conclusion dernière de cette habile exploration du corps social? La même qui ressortait du discours de réception, à savoir que, sans pencher vers un optimisme aveugle, il ne faut pas se laisser aller au pessimisme qui représente notre société comme s'acheminant par une corruption croissante à sa ruine. Pour cette âme généreuse, c'est le progrès qui surnage. Le mal est grand sans doute à notre époque (je résume ici la thèse); mais le mal moral, comme le physique, est une des conditions providentielles de notre vie de lutte et d'épreuve. Il y a des *intempéries morales* (heureuse alliance de mots), comme il y a *des débordements de fleuves et des orages dévastateurs*. Donc, il ne faut pas désespérer de notre civilisation pourtant si souillée et si tourmentée. Cette idée élevée de la constance des causes secondes posées par la cause ordonnatrice et produisant tous les phénomènes physiques et sociaux, avec des alternatives suivies de calme et de trouble qui font relever les irrégularités même d'un ordre général, était une des grandes bases de la doctrine philosophique de M. Enjubault. Nous la retrouverons sous d'autres formes dans ses écrits postérieurs.

On peut dire, sans flatterie posthume, qu'il y avait en lui plusieurs hommes outre le magistrat supérieur. Vous avez tous connu le philosophe et le lettré. Vous avez même pu entrevoir le géologue dans un travail qui bientôt vous sera rappelé. Mais la plupart d'entre vous ont ignoré que leur confrère était un amateur éclairé des beaux-arts, surtout du dessin, de la peinture et de leurs applications industrielles. Il en donna un brillant témoignage dans la brochure publiée par lui, en 1858, sous ce titre : *L'Art céramique et Bernard Palissy* (1), titre par trop modeste qui ménageait bien des surprises au lecteur. C'est là, en effet, une œuvre composite d'un haut intérêt où M. Enjubault semble avoir, avec prédilection, versé, dans un cadre élargi par l'ampleur de sa pensée, toutes les richesses de son érudition, de son goût délicat, de sa méditation philosophique, et de son style qui, pour lui, était si réellement *l'homme même*. L'art céramique n'y est, en effet, que le thème ou le prétexte des développements les plus variés sans disparate. — C'est tout d'abord l'histoire ethnographique et artistique des *poteries mates et lustrées*, depuis les belles œuvres des Etrusques jusqu'à la fabrication gallo-romaine, puis une ère d'abaissement de la céramique jusqu'aux Arabes d'Espagne qui font reparaître *l'argile émaillée* dans les magnificences de leurs mosquées et de leurs palais ; l'Italie recueillant leurs procédés, et la *faïence* y apparaissant au xɪve siècle, mais fugitivement, pour s'éclipser pendant près d'un siècle, et s'établir définitivement en Europe à la fin du xve siècle. En France, c'est Bernard Palissy qui en *refait* la découverte. Bien plus, il avait pressenti la *porcelaine*, cette argile *translucide*. C'est vraiment avec amour que M. Enjubault trace l'historique des diverses espèces de ce *nec plus ultra* de la céramique, après quoi, il termine par un coup-d'œil d'ensemble sur les vases, « ces produits analogues de l'art céramique chez des peuples » différents » dont les formes et les peintures sont, dit-il, une « véritable histoire de l'art chez les Egyptiens, les Grecs, les » Etrusques, les Romains et les Chinois. » Il ne pouvait dérouler cette histoire ; mais avec quelle habileté, quel éclat de touche il l'esquisse en quelques pages ! C'est de l'esthétique comparée à travers les civilisations les plus célèbres. Rien de plus technique et de plus animé en même temps. On s'étonne que de simples loisirs aient suffi pour entrer si profondément

(1) Moulins, 1858 ; imprim. de Desroziers. — Les *Annales* de l'Académie en renferment un fragment (année 1858).

dans un sujet si spécial, et aussi qu'un tel attrait y ait été répandu.

Au terme de cette revue générale de la céramique, vient la biographie dramatique de Bernard Palissy, ce potier de génie qui ne fut pas seulement l'inventeur de l'émail appliqué à l'argile, mais, au témoignage de Cuvier, le fondateur de la géologie moderne et, comme le dit notre confrère, le précurseur de Bacon, Galilée et Descartes, ces grands rénovateurs de la science de la nature. Ajoutons qu'il y avait en lui la plus indomptable énergie pour braver les périls d'une époque agitée et les tortures de la misère durant seize années de recherches décevantes. Aussi, M. Enjubault s'attache-t-il à son caractère, à ses travaux, à ses écrits, comme avec une généreuse passion, et termine-t-il sa monographie en nous montrant *Palissy supérieur à son temps;* bien supérieur, en effet, puisqu'il avait su dédaigner l'alchimie en si grande faveur alors avec sa *pierre philosophale* et son *or potable,* pour poser les bases de la méthode expérimentale dans ses curieux dialogues entre *théorique* et *pratique.* — *Théorique* y représente la divagation stérile, et *pratique* la raison avisée qui sait voir le fond des choses. A ce propos, le biographe de Palissy cède au désir de dissiper toute équivoque en s'expliquant sur l'antagonisme prétendu de la *théorie* et de la *pratique.* Il le fait en homme qui les connaît toutes deux à merveille. La pratique serait-elle en droit, comme elle l'affecte souvent aujourd'hui, de reléguer la théorie dans la région spéculative, en se réservant l'empire des réalités ? Jamais la négative ne fut plus fortement établie par la réfutation pied à pied des objections et l'analyse intime de la connaissance humaine, soit en elle-même, soit dans ses directions principales. C'est une discussion des plus substantielles et des plus érudites. Toutefois, c'est surtout en arbitre que se prononce le défenseur de la théorie. Il reconnaît les témérités ou les futilités de celles-ci, comme il signale les pauvretés et les méprises de l'empirisme routinier. Il proclame aussi les mérites de chacune d'elles et le bienfait de leur nécessaire alliance. Pour lui, la science comprend à la fois *la doctrine et l'œuvre.*

Mais comment ne pas admettre la supériorité patente de la
doctrine qui éclaire, inspire et dirige, sur l'œuvre qui *exécute?*
Et l'inspiration, ce souffle divin qui fait les grands artistes,
émane-t-elle donc de la pratique qui tient le pinceau ou manie
l'archet? Écoutez, Messieurs, cette admirable réponse :

« L'art cherchera toujours la perfection, parce qu'il est sûr
» de trouver sur sa route ce qui est noble, grand et beau. C'est
» parce qu'ils n'avaient pas craint de s'élancer vers l'idéal que
» Raphaël et Léonard de Vinci ont pu nous laisser, le premier,
» la Transfiguration, l'autre, la Cène, et que nous comtem-
» plons avec admiration le plus beau des enfants des hommes :
» *Speciosus forma præ filiis hominum.* Et quand il a voulu
» rappeler un grand mystère, au moment où la Vierge sainte
» devient l'humble servante du Seigneur, un peintre (Murillo)
» a su dire aussi éloquemment que le Prophète : — Voilà celle
» qui sera proclamée heureuse par toutes les générations à
» venir, — pourquoi donc a-t-il retracé si merveilleusement
» cette beauté surhumaine et exprimé une ineffable extase ?
» C'est parce que son génie avait quitté la terre pour aller
» surprendre les invisibles réalités du ciel. »

Il faut avouer que le commentaire des Dialogues de Palissy
les laisse bien loin. Et pourtant, le modeste auteur croit avoir
à prévenir le soupçon d'*usurpation* ou même d'*acceptation du
rôle d'une défense officieuse* de la science, et se dit *pénétré du
sentiment de son insuffisance !* Par ce côté, comme par bien
d'autres, il n'était pas de son temps. — Mais ce n'est pas seu-
ment la cause des plus hautes facultés de l'esprit qu'il a éloquemment plaidée dans sa brochure, c'est encore celle qu'il avait
tant à cœur, celle du *progrès* si chère à notre époque, mais si
souvent mal comprise. Pour lui, pour cette âme si profondément *humaine,* dans le sens du fameux vers de Térence, toutes
les spéculations intellectuelles, toutes les conquêtes de la science
ou de l'industrie, toutes les réformes sociales doivent graviter
vers ce but suprême : rendre les hommes meilleurs et plus heureux ; et il se plaît à répéter dans ce travail ce qu'il avait écrit
déjà dans un autre : « Chacun des âges où l'intelligence a brillé

» avec le plus d'éclat, est signalé par des conquêtes qui inté-
» ressent l'humanité. » Il n'admet pas un humiliant divorce
entre la moralité d'un peuple et ce qui adoucit ou embellit
l'existence humaine. Croire au triomphe toujours croissant du
bien sur la terre, était un besoin impérieux pour ce noble cœur.
Il a paru, nous l'avons dit, pencher quelquefois vers l'optimisme,
lui si impartial et clairvoyant observateur : ne cherchons pas à
l'en défendre, car, avec un esprit de cette trempe, les belles
âmes seules peuvent avoir de ces illusions.

Ce fut encore son amour de l'humanité qui l'inspira quand
il vous rendit compte, Messieurs, en 1859, de la savante *Histoire des Classes rurales* de votre Vice-Président (1). Il goûta
dans ce travail la double satisfaction d'honorer une œuvre qui a
justement recueilli, comme il le dit, de *flatteuses approbations,*
et de constater, par un examen spécial, l'élévation graduelle
de la condition et du bien-être des cultivateurs français jusqu'à
l'époque actuelle. Tout en suivant la marche de l'auteur, il
montra magistralement combien avaient été déjà profondes ses
réflexions personnelles sur ce beau sujet ; il s'attacha surtout
à mettre en lumière à son point de vue, en se séparant d'his-
toriens distingués, la disparité du *municipe* romain, qui n'avait
guère été qu'un instrument d'exaction sous une vaine ombre
de liberté, et des franchises de la *commune* qui impliquait
une garantie politique et civile contre la puissance féodale.
La dissertation de M. Enjubault entre dans le vif de ce problème. Quelle prudente mesure dans ses jugements ! Il proclame ses *sympathies pour la vertu et l'énergie populaires ;*
mais il n'entend pas qu'on exalte trop les mérites du paysan
dans le passé en négligeant ce que les rois et leurs auxiliaires
firent pour lui. Il ne veut pas surtout que l'on *isole les intérêts*
du peuple de ceux d'une autre classe *en disjoignant les éléments
sociaux,* et rappelle *l'admirable apologue* aujourd'hui trop
oublié, de Menenius-Agrippa.

Plus il avançait dans sa vie d'études profondes, plus il se

(1) M. Henry Doniol.

sentait attiré par les hautes questions de philosophie sociale, de cette philosophie qui n'habite pas les régions nébuleuses de la rêverie allemande, mais qui, à l'exemple des maîtres de Platon, se plaît à descendre dans les réalités de la vie, pour en chercher la règle et en préparer la réforme. Au milieu des agitations orageuses de notre temps, devant cette soif de rénovation de toutes choses, qui semble poursuivre *de nouveaux cieux et une nouvelle terre*, M. Enjubault conçut la grande pensée de son *Essai sur les lois et sur l'esprit de réforme*, essai dont s'est enrichi le recueil de vos travaux (1). Mais ce titre n'en annonce pas toute la portée, quoiqu'il soit métaphysiquement exact. L'auteur envisage, en effet, les *lois* dans ce travail, comme le faisait Montesquieu, en les définissant *les rapports nécessaires des choses*. Le monde matériel est compris avec le monde moral dans cette vaste formule. Aussi M. Enjubault s'était-il proposé de rechercher et développer successivement les *lois invariables* de *l'ordre matériel* et de *l'ordre intellectuel et moral*. « Je ne comprendrais pas plus, dit-il dans son
» préambule, l'existence du corps social sans les éléments qui
» produisent le rapprochement, l'affinité, l'aggrégation, que
» je ne concevrais l'harmonique ensemble des sphères célestes
» sans les forces qui les retiennent dans leurs orbites. »

Il commence par l'observation de la nature physique « pour y voler à tire d'ailes, ajoute-t-il, de sommités en sommités. » Or, la nature, *ce sont les lois établies de Dieu*, suivant la grande pensée de Bacon. L'immuable sagesse de leur auteur en rend pour notre confrère la permanence certaine *à priori*. Mais il en demande la démonstration aux faits attentivement étudiés. Après un coup-d'œil largement jeté sur l'univers et spécialement sur notre globe, il sent la nécessité d'aborder de front les doctrines géologiques qui affirment des révolutions dans notre planète, et même des *créations partielles et successives*. Il entre donc résolûment dans le domaine de ce qu'il appelle la *géologie positive*, par opposition aux *hypo-*

(1) Année 1859.

thèses fantastiques. Ceux d'entre vous, Messieurs, qui ont approfondi cette science, n'auront pas manqué d'apprécier la vigueur de pénétration avec laquelle il a attaqué ses plus mystérieux problèmes, en s'appuyant avec respect sur les grands esprits qui l'ont précédé, mais aussi en gardant toujours sa libre pensée. C'est ainsi qu'il arrive à conclure en s'écartant de l'opinion dominante, que les *bouleversements dont l'existence est démontrée par l'état des couches superficielles de notre globe*, se sont accomplis sous l'empire des causes et des lois primordiales posées par le Créateur, sans que les conditions essentielles de la vie végétale ou animale aient été jamais subverties de période en période. Il est, du reste, en parfait accord avec de Blainville, Geoffroy Saint-Hilaire et Cuvier, quand il repousse l'idée de *créations zoologiques successives*, et soutient l'unité de l'œuvre créatrice comme prouvée par l'*unité du règne animal*. Il n'admet pas davantage ces chimériques *transformations* d'espèces qui mèneraient à faire descendre l'homme d'une *éponge* ou d'un *esturgeon*. Mais il comprend la traduction des jours de *la Genèse* en périodes séculaires qui auraient séparé les manifestations coordonnées de l'œuvre divine.

De cette étude générale de la nature matérielle, M. Enjubault se sentit entraîné par un attrait non-seulement scientifique, mais encore patriotique, à des recherches de longue haleine sur *la durée moyenne de la vie et le mouvement de la population en France* (1). C'est encore un titre qui tient beaucoup plus qu'il ne promet. Il s'agit, en réalité, comme une phrase de transition nous en avertit, de *considérations particulières sur la nature physique de l'homme et sur l'ensemble des êtres organisés.* Les recherches sur la vie moyenne ont une opulente préface de cinquante pages où le mystérieux phénomène de la vie animale, la durée ordinaire de la vie de l'homme, ses relations proportionnelles avec la gestation et l'accroissement, puis la généralisation du problème dans toute la série du

(1) V. Annales de l'Académie, 1864.

règne, les époques principales de notre existence, les lon-
gévités extraordinaires depuis l'ère chrétienne, l'étendue de
la vie humaine pendant les premiers âges de la création, forment autant de sujets tour à tour traités. Notre éminent confrère a déployé là plus que partout ailleurs une force de concep-
tion, une originalité de vues, une variété d'aperçus et une
abondance d'érudition qui surprennent de la part d'un simple
amateur de la science. Il a même, qu'on nous permette de le
dire, sur le plus grand nombre des savants de profession cet
avantage, que son esprit, dégagé du joug de la spécialité technique, peut plus librement s'élever aux points de vue supérieurs, et se répandre dans d'autres domaines de la pensée qui
confinent à l'objet principal. Le naturaliste doublé du philosophe est, en effet, doublement fort. Comme il a bientôt dé-
voilé *l'inconséquence dans l'aberration* des matérialistes qui ré-
servent aux animalcules le miracle de la *génération spontanée,*
n'osant pas le faire remonter jusqu'au premier couple humain!
Avec quelle respectueuse mesure il se hasarde à proposer une
interprétation nouvelle des livres de Moïse qui réduirait la durée séculaire de la vie des patriarches ! Il prend soin d'abriter
sa hardiesse sous cette explication moderne des jours de la Genèse que nous rappelions tout à l'heure. Fils soumis de l'Eglise,
il entend bien *laisser aussi intacte l'autorité du législateur*
(en Moïse) *que la gloire de l'élu de Dieu.* Il entend seulement
conclure, une fois de plus, que les conditions fondamentales
de la vie n'ont pas changé sur notre terre depuis la création.
Mais cette immutabilité n'exclut ni des oscillations limitées,
ni par conséquent le *progrès* physiologique. Or, l'accroissement actuel de la vie moyenne en est un qu'il constate avec
bonheur : car c'est la cause de la société actuelle, de la pleine
civilisation qui triomphe encore d'un des griefs de ses détrac-
teurs, et cette cause est aussi la sienne, vous le savez déjà.
Mais il veut faire davantage pour elle. Il faut qu'il établisse et
il établit, sinon d'une manière irréfragable, au moins avec une
dialectique ingénieuse, que les proportions et la vigueur du corps
humain, comme aussi l'énergie des courages, n'ont rien perdu

et n'ont rien à perdre, en thèse générale, au développement du bien-être et du luxe. Pour ce qui regarde notre patrie qui tient le sceptre des arts de l'esprit et de l'élégance la plus raffinée de la vie, il prend à témoin de sa vitalité puissante « les faits mémorables qui se sont accomplis sous nos yeux et à la face du monde, » sur les champs de bataille de l'Algérie, de la Crimée et de l'Italie. — Il a besoin toutefois d'interroger jusqu'au fond l'organisme national. « Nous sommes en France : parlons de la France, » s'écrie le généreux cœur qui n'a cessé de l'aimer qu'en cessant de battre. Et le voilà qui, avec un redoublement d'ardeur, scrute, décompose la population française, en suit le mouvement depuis 40 ans, cherche l'expression de son accroissement normal, fait le bilan détaillé, avec tableaux à l'appui, des déplacements qui l'enlèvent trop souvent aux campagnes pour la jeter dans le gouffre des grandes villes, et enrichissent certains départements aux dépens des autres. Il arrive ainsi à reconnaître, non sans tristesse, que notre magnifique département du Puy-de-Dôme avait déjà perdu en 1864, 52,792 habitants, d'après le relevé des registres de l'Etat civil. Seul, l'arrondissement de Thiers qui est surtout industriel, a naturellement été épargné par cette pompe aspirante de la production manufacturière. Viennent ensuite les plus sages conseils pour l'atténuation de cette fatale rupture de l'équilibre nécessaire entre l'agriculture et l'industrie. — Mais ce n'est là qu'une digression dans cette étude sur les lois du monde physique. L'auteur l'avait ouverte en disant avec Montesquieu : « Chaque diversité est uniformité, chaque change- » ment est constance. » Il conclut, dans le même sens, que « l'unité de la loi providentielle et conservatrice, sa fixité, sa » permanence, est de plus fort démontrée par les considéra- » tions précédentes sur la constitution physique de l'homme. » Cette belle composition a eu les honneurs d'un rapport présenté à l'*Académie de législation* de Toulouse dont M. Enjubault était membre correspondant, par un savant président de la Cour de cette ville qui, tout en divergeant sur quelques points avec lui, rend un éclatant hommage à son travail, et y signale

en particulier , outre les mérites du fond , *la lumineuse précision du langage* (1). C'est là, en effet, un trait caractéristique
de tous ses écrits. Il a si fortement condensé ses idées avant de
les exprimer, qu'elles se moulent en quelque sorte dans l'ai-
rain , en même temps qu'elles s'animent d'un sobre mais brillant coloris , même dans les plus arides questions.

Avant d'aborder les lois de l'ordre immatériel , il se proposait encore d'examiner *l'instinct des animaux ;* mais d'autres
travaux l'empêchèrent de reprendre son projet , ou plutôt d'en
achever l'exécution , car ses manuscrits renferment les premières
pages d'une composition intitulée : *Des animaux , de leurs
instincts et de leur destinée.* Après de larges prolégomènes sur
l'échelle des êtres , il venait à étudier le vivant mystère de ces
créatures dont plusieurs nous servent et quelques-unes nous
aiment, exposait les théories opposées des philosophes à ce
sujet , et arrivait à rechercher s'il peut y avoir *des idées* chez
l'animal. Il entrait alors dans l'analyse psycologique, et, rap-
pelant que certains esprits ont admis l'aptitude de la matière
à penser, il écrivait ces éloquentes lignes :

« Ah! puisqu'on se croit obligé de remonter à l'action créa-
» trice, et qu'en effet on n'explique rien sans elle, pourquoi
» ne pas dire qu'elle a pu former *l'âme intelligente* aussi bien
» que la *matière pensante?* Hypothèse pour hypothèse, l'une
» est bien plus simple et plus admissible que l'autre. La
» première laisse à l'œuvre divine toute sa grandeur, toute sa
» magnificence ; elle annonce les desseins sublimes et les glo-
» rieuses destinées. L'autre ne présente que disparates, in-
» cohérences et contradictions. Elle détruit toute grande pers-
» pective , toute vue d'avenir. Elle ne laisse à la douleur que
» son aiguillon, au sacrifice que son amertume. Elle substitue
» à l'espérance l'anéantissement... Est-ce donc là qu'on vou-
» drait aboutir en dotant si richement la matière? »

C'est ainsi, Messieurs, que notre généreux confrère flétrissait
avec élan la désolante abjection du matérialisme. Aujourd'hui,

(1) Recueil de l'*Académie de législation* , année 1864 (page 449).

cette haute intelligence, cette âme si éprise du bon et du beau, contemple à la lumière d'une autre vie les ravissantes harmonies du monde moral, si troublé ici-bas par les écarts de la liberté humaine :

In lumine tuo videbimus lumen.

Pendant que le travail dont je viens de vous entretenir paraissait dans nos *Annales*, il en publiait un autre à Toulouse, après en avoir fait hommage à l'*Académie de législation* de cette Athènes du midi de la France (1). Le titre de ce mémoire est : *De la Récidive ou des peines édictées par les articles 57 et 58 du Code pénal. (Loi des 13 mai — 1er juin 1863.)* — Vous avez pressenti, Messieurs, que la spécialité de la matière m'interdit ici tout détail. Je me bornerai donc à dire que M. Enjubault, au jugement du rapporteur de l'Académie toulousaine et de tout appréciateur impartial, déploie une *grande vigueur de raisonnement* pour préparer la solution définitive d'une difficulté légale des plus épineuses, sans parler de l'élévation et de la justesse des réflexions préliminaires.

Parvenu à ce point de sa vie si laborieuse, le conseiller de Riom allait recevoir de la justice du Gouvernement un autre titre qui serait la consécration suprême de ses longs et beaux services. Ai-je besoin de vous dire, Messieurs, que, bien loin de le solliciter directement, il n'en laissa pas même transpirer le désir ? non certes qu'il y fût indifférent : ce serait mal le louer et le mal juger que de le montrer insensible à l'honneur de diriger l'œuvre de la justice, après y avoir, depuis plus de 30 ans, coopéré. Mais il n'en laissa pas moins aux deux chefs éminents de la Cour de Riom, l'entier et rare mérite de pénétrer, j'allais dire de deviner, sous cet humble oubli de lui-même, les qualités insignes qui feraient du conseiller un président d'élite. Ce fut un de leurs plus nobles actes, et qu'ils me pardonnent cette indiscrétion, un de ceux qui leur ont

____

(1) 1864. — Typographie de Bonnal et Gibrac. — Voir aussi *Recueil de l'Académie de législation* (même année).

apporté, pour récompense, la plus douce joie du devoir accompli. Quand parut la promotion de cet homme de bien et de talent, ce fut un concours unanime d'applaudissements, et dans la magistrature du ressort, et dans le barreau, et dans tous les organes de l'opinion publique. L'ordre judiciaire et la société ne devaient-ils pas, en effet, se réjouir également de cette exaltation exemplaire de la vertu? Quant à **M.** Enjubault, la présidence lui fut par-dessus tout un redoublement de labeur et de sollicitude active pour le bien de la justice. Son unique ambition était satisfaite, celle de se dévouer davantage. Déjà, par malheur, il était à ce moment de la vie où un demi-repos devient nécessaire même à ceux qui ont beaucoup moins fait dans leur âge mûr. Mais que lui importait le soin de lui-même? Il pensait, avec Lamoignon, que « sa vie, sa santé étaient au public » et non à lui. » On le vit alors reprendre toute l'activité d'autrefois, prolonger s'il le fallait ses veilles, refuser toute trève à son esprit jusqu'au terme des grandes affaires ; s'enfoncer avec la passion du devoir dans le labyrinthe des actes et des procédures, tout sonder, tout peser, tout contrôler, tout élucider, et apporter ainsi dans les délibérations un faisceau d'idées qui ralliait bientôt les suffrages de la chambre, et se changeait, sous sa plume habile, en un arrêt plein de lumière.

Mais ne croyez pas, Messieurs, que cette nouvelle phase si occupée de sa vie lui ait fait accepter un douloureux divorce avec les lettres. Aurait-il pu vivre sans elles ?... *Vita sine litteris mors est.* Les lettres, il est vrai, cette exquise volupté de l'esprit, pouvaient détendre et rafraîchir ses facultés meurtries par un long effort. Mais vous n'apprendrez pas, Messieurs, sans surprise que, durant ses rares loisirs de président, il put élaborer celle de ses productions, qui peut-être lui a demandé les plus rudes efforts. C'est l'an dernier que fut publiée à Toulouse sa brochure intitulée : *De la Réforme cadastrale ou du Crédit de la propriété foncière* (1). Comme il

____

(1) Typographie de Bonnal et Gibrac. — V. aussi Recueil de l'*Académie de législation* (1867).

l'a dit lui-même , il dérogeait à ses habitudes en prenant sa part d'une des grandes controverses de notre époque , mais en même temps , il y demeurait fidèle , parce qu'il n'avait fait que céder , ajoute-t-il , à sa *déférence* pour l'invitation indirecte d'un ancien chef de la Cour de Riom , M. le sénateur Bonjean. En 1866 , le Sénat fut saisi de pétitions qui réclamaient avec instance le renouvellement et l'application du cadastre à la constitution de la propriété foncière ; une savante discussion s'engagea dans la haute assemblée, et se termina par le rejet des pétitions. Mais la question restait pendante devant l'opinion des jurisconsultes et des publicistes. M. Enjubault résolut d'apporter son tribut à cette enquête intellectuelle : de là son profond et riche travail. Il marque, à mon sens, le point culminant sinon de sa puissance d'esprit, au moins de son talent de discussion, et prouve, une fois de plus, que l'imagination exceptée, les facultés humaines peuvent grandir malgré la vieillesse et la décadence physique. — Avant d'examiner le projet de transformation du cadastre, M. Enjubault le scrute dans son état actuel, et cela avec une connaissance approfondie du sujet que ne désavouerait pas le spécialiste le plus habile, j'ajoute avec l'impartialité du juge, relevant des défectuosités au point de vue de l'assiette et de la péréquation de l'impôt, mais aussi le vengeant de critiques outrées. Ce n'est pas à dire qu'il y tienne à toute force, et ferme une oreille prévenue aux pompeuses promesses d'une *régénération cadastrale* qui, tout en réglant mieux l'impôt, réaliserait des bienfaits du premier ordre : solidité indéfectible des droits de propriété les plus fractionnés, manifestation rigoureuse de tous les démembrements qui la réduisent, de toutes les charges qui la grèvent ; élargissement des sources du Crédit foncier qui, véritable Nil de la finance, verseraient sur vos campagnes, aujourd'hui à sec de capitaux, une fécondité inconnue. Or, quel est le talisman qui aurait la vertu d'opérer ces merveilles ?... Un nouveau cadastre qui détrônerait le système actuel de publicité pour les actes transmissifs de la propriété, et les affectations à titre de privilége ou d'hypothèque. — Un grand-livre terrier serait établi après abornement général et obligatoire de tous les biens, c'est-à-dire des 150 ou 160 millions de parcelles qui forment l'échiquier de la possession privée. Chacune de ces parcelles individualisée y aurait son *folio* ou son compte ouvert qui en présenterait, sans ombre aucune, la situation active et passive, et lui assignerait un numéro distinctif. Parallèlement, des opérations graphiques géométriquement ordonnées, suivraient pas à pas les accroissements et les divisions successives de chaque parcelle, de manière à reproduire à tout instant *l'image fidèle du sol jusqu'à ses plus imperceptibles démembrements*, et toutes ses mutations viendraient se refléter dans le grand-livre terrier qui donnerait ainsi l'historique du plus petit élément foncier. Bornons-nous à cette idée mère d'une organisation qui, du reste, n'est pas une chimère, puisqu'elle fonctionne depuis long-temps déjà en Hollande, en Pologne, dans certains cantons de la Suisse et dans plusieurs États allemands. Mais serait-elle exécutable en France, eu égard à notre émiettement indéfini de la terre? Ou, si elle est exécutable, serait-elle d'une utilité proportionnée aux grands frais de la refonte cadastrale qui la précéderait, et à l'énorme complication de son mécanisme ? Telles sont les deux questions que notre judicieux confrère se pose et résout. Il ne fait pas difficulté d'admettre que la réforme ajouterait quelque chose aux garanties de la propriété et des droits dont elle est le pivot. Lui qui avait si hautement professé son amour et sa confiante espérance du progrès social dans son discours de réception parmi vous, *lui que la marche en avant n'effraie pas*, suivant son expression, il serait heureux d'applaudir à l'avènement d'une nouveauté sérieusement bienfaisante ; mais il ne le fera qu'à bon escient, c'est-à-dire après l'avoir soumise au creuset d'une inexorable analyse. — Il s'attaque tout d'abord au prétendu manque de crédit de la propriété foncière, qui cependant ne devait pas moins d'une dizaine de milliards en 1840, et ce hypothécairement. Il se défie donc de cette retentissante formule *du Crédit foncier* qu'il qualifie de *Speciosa nomina avec tant d'autres mots qui servent à imposer au vulgaire*. Pour lui le mal agricole ramené à sa juste mesure, réside, avant tout , dans l'absorption de capitaux importants par des valeurs industrielles de toute fabrique et de tout pays, « fleuve débordé qui emporte au loin nos trésors , sans laisser un limon sur notre sol, » — dans les conditions onéreuses du prêt hypothécaire et de la réalisation judiciaire du gage, dans le poids des impôts directs et indirects qui grèvent la terre. — De tout cela donc , le cadastre est innocent, et le grand-livre terrier n'y remédierait pas. Pourquoi donc le préconiser avec tant d'enthousiasme ?... Serait-ce que les titres et la possession laisseraient nos propriétés sans base solide, comme on veut bien quelquefois à en gémir? M. Enjubault réfute ces lamentations théoriques avec autant d'esprit que de justesse. Quant à l'abornement général obligatoire de 150 millions de parcelles, il ne proteste pas contre cette élévation de *tant d'autels au dieu Terme*, mais il prie qu'on en calcule la dépense , qu'on se rende compte des difficultés non point matérielles mais morales et juridiques, et qu'on se demande si plus de précision dans les limites accroîtrait noblement l'attraction de l'argent par le sol. Enfin, quand il en vient au *fonctionnement* du livre terrier, il le pénètre, le perce à jour, le décompose avec un calcul inflexible, montre le *répertoire personnel* d'aujourd'hui subsistant , de toute nécessité , auprès du *répertoire réel* en projet, les complications futures se superposant avec des proportions colossales aux complications actuelles, les erreurs demeurant toujours possibles, les procès encore mieux, le public supportant des frais excessifs de manutention administrative, par suite de l'individualité parcellaire ; bien plus, certaines dispositions de nos lois inconciliables avec ce nouveau régime qui grefferait *le bourgeon germanique sur la tige de notre législation*, enfin, la confusion qui peut sortir de la fusion des deux services du cadastre fiscal et du cadastre foncier. — Sans aucun doute, nombre de partisans résolus de cette création, séduisante à première vue , se sentiront ébranlés par la lecture de ce vigoureux écrit qui leur aura révélé bien des difficultés imprévues. Est-ce à dire que nous entendions en conclure l'inad-

missibilité absolue dans notre pays d'une réforme qui compte
tant d'adeptes autorisés, et qui, paraît-il, a réussi même dans
des contrées à propriétés très-morcelées?.. Notre confrère, toujours si réservé envers les personnes comme envers les secrets
de l'avenir, aurait repoussé de toutes ses forces un tel hommage à ce qu'il appelait un *simple avis*, en se défendant d'a-
vance de la prétention de *prononcer un verdict*. Quoi qu'il ad-
vienne, il aura puissamment éclairé la route, signalé les écueils,
et mérité la gratitude de ceux même dont il a combattu l'opinion. Ajoutons qu'il aura laissé un modèle de polémique aussi
courtoise et spirituelle que forte, comme aussi de l'art si difficile de revêtir d'un style orné sans afféterie les idées les plus
sévères.

Il avait, Messieurs, un tel souci de tous les grands intérêts
de la France, que ses méditations s'étaient fixées sur les meilleurs moyens de conjurer ou tout au moins d'atténuer ce terrible fléau des inondations qui dévastent nos campagnes avec
une périodicité menaçante. J'ai trouvé dans ses manuscrits à
l'état d'ébauche écrite au crayon, de longues considérations à
ce sujet. Elles accusent un don d'observation des phénomènes
physiques, qui étonne chez un magistrat. Il estime, tout en
honorant les efforts accomplis par les pouvoirs publics, et
essaie de prouver que l'on a mis en œuvre un gigantesque appareil pour aboutir peut-être à un mécompte, et qu'il aurait
mieux valu *faire de grandes choses avec de petits moyens*, en
s'attaquant tout simplement aux causes du débordement des
fleuves, par l'élargissement de leurs lits et par des reboise-
ments, procédés qui, du reste, sont appliqués avec une louable
persévérance. Dans le même travail, ses investigations s'étaient
aussi portées sur les épizooties, la grêle et sur toutes les questions économiques qui s'y rattachent. — Peut-être ne songeait-il
pas à publier ses études sur cet ordre de faits, où son intervention aurait pu sembler téméraire, et avait-il voulu seulement se rendre compte à lui-même de ce qui tourmentait son
patriotisme, tant il y avait en lui de sympathie pour les souf-
frances et d'incessante activité d'esprit !

Jusqu'ici, Messieurs, je vous ai surtout entretenus du magistrat, du savant, du littérateur, de l'écrivain : que n'aurais-je pas à dire de l'homme privé? Mais aussi comment le dire d'une façon qui réponde à tant de qualités si rares, et à l'impression qu'on en ressentait? Quelle austérité de mœurs sans rien de farouche au dehors! Bien loin de là, quelle politesse, à la fois digne et prévenante, qui était comme un épanouissement naturel de la bonté! Quelle fidèle observation de toutes les bienséances sociales! Quelle encourageante bienveillance pour la jeunesse! Quelle attention délicate à ménager la dignité des plus humbles positions! Si cette grave figure imposait tout d'abord, comme elle était prompte à s'éclairer d'un rayon de cette aimable bonhomie de nos pères! Avec quelle scrupuleuse réserve il appréciait les sentiments et les actes! se plaisant à supposer des sentiments purs, adoucissant les torts quand il ne pouvait les méconnaître, *n'éteignant pas la mèche qui fume encore* : c'est bien alors qu'il était généreusement optimiste! Déjà, Messieurs, je vous ai signalé cet amour de l'effacement partout où le devoir ne commandait pas de se montrer, car alors il était au premier rang; mais hors de là, la dernière place était à son gré la meilleure. Le maître dont parle l'Évangile lui aurait dit sans nul doute et bien souvent : *Mon ami, montez plus haut.* Vous pouvez, Messieurs, en rendre témoignage, vous qui l'avez toujours vu si simple, si modeste, si gracieux pour tous, au milieu de vous. Et cependant, comme il sentait avec une légitime fierté ce qu'il se devait à lui-même! Mais il fuyait les hommages comme inutiles et même dangereux à qui les mérite. — Je n'ai rien dit encore de l'ami, et c'est ici surtout que je sens douloureusement mon impuissance. Si Ménandre estimait heureux celui qui avait pu rencontrer seulement *l'ombre d'un ami*, quel n'a pas été mon privilége de posséder, pendant un quart de siècle, la douce réalité du plus sûr, du plus dévoué, du plus délicat ami? Ce n'était pas seulement un bonheur, c'était un honneur et une force. Aux jours de félicité, il en prenait sa part discrète autant que profonde; aux jours d'épreuve, il voulait tout partager pour en alléger le poids. C'était le conseiller sympathique et clairvoyant des heures de doute et d'angoisse. Mais j'essayerais en vain, Messieurs, de vous faire entrer dans les plus intimes replis de cette âme aimante : je n'aboutirais qu'à vous répéter l'expression du chagrin de la mienne.

Je m'étais abusé (c'est un besoin pour l'affection) sur les ressources de cette existence si chère ; et cependant je n'avais pu méconnaître, depuis quelques années, l'altération croissante d'une santé si peu ménagée. Mais bien d'autres regards y avaient saisi de menaçants ravages. Une vie plus agissante au dehors, un relâchement dans la tension continue de l'esprit, étaient inutilement recommandés à cet athlète du devoir et du travail. Pour lui, le corps était un vil esclave, qui devait obéir, à tout prix, à la volonté souveraine. Tant que la souffrance n'était pas intolérable, il ne la niait pas, comme les stoïciens, mais la domptait : il leur avait bien d'ailleurs emprunté, par le fait, la fameuse maxime : *Abstine et sustine.* Elle résume en deux mots toute sa vie.

Ce qui n'avait rien perdu en lui de son ressort, c'était le cœur, c'était l'amour des siens et de la terre natale. Il était donc parti, comme toujours, avec élan aux vacances dernières pour sa chère retraite de la vallée d'Aran. Mais de cruelles émotions l'y attendaient. C'était d'abord un beau-frère atteint d'un mal qui pouvait être mortel, puis son frère aîné qu'il avait trouvé paralytique auprès de Bayonne, et ramené au foyer paternel, comme s'il eût pressenti que sa place y serait bientôt vide. Aussi, une de ses lettres, d'octobre dernier, renfermait-elle ces tristes lignes : « Il était écrit que je n'aurais, cette » année, qu'ennuis profonds, inquiétudes et douleurs poi- » gnantes..... Jugez de la nature de mes délassements, et » pressentez ma situation morale au moment où je quitterai » les Pyrénées. » Puis venait cette pieuse acceptation du ca- lice de douleur : « Vouloir ce que Dieu veut est la seule science » qui nous mette au repos, si repos il y a. » Quelques jours plus tard, il quittait St-Béat, emportant au cœur une saignante blessure. Son caractère si aisément enjoué, malgré sa gravité, s'était assombri. Une préoccupation accablante pesait sur son esprit. Son organisation physique se montrait plus ébranlée que jamais. Pour la première fois, cette énergique nature semblait plier sous le poids des fatigues passées et de la douleur présente. Toute atteinte violente trouverait une proie trop préparée dans sa constitution affaiblie. Ce mal survint dans les premiers jours d'avril sous la forme d'une pleurésie insidieuse. Déjà, Messieurs, il portait dans son sein une mort inévitable, et il demeurait debout dissimulant ses tortures, et il continuait, presque sans apparence de trouble, sa vie publique et privée. Le 9 avril, la lutte n'était plus possible. Il se couchait pour ne plus se relever. Ses derniers jours furent dignes de sa vie. La mort le trouva prêt pour le sacrifice suprême. Il la vit venir avec l'impassibilité du juste. Dans ce fatal mois d'octobre dernier, il l'avait déjà regardée en face, quand il pourvoyait à l'avenir des siens dans un testament où nul n'a lu sans attendrissement cette effusion de l'humilité et de la foi : « J'espère » que Dieu recevra miséricordieusement dans son sein mon » âme sincère et pénétrée..... » Cette seule phrase vous dit tout, Messieurs, sur les sentiments intimes de notre confrère. Il était philosophe, mais de cette philosophie qui s'achève dans les hauteurs du dogme divin. Cet homme si fortement trempé, si indépendant d'esprit et de caractère, était un fils soumis de l'Eglise, à l'exemple de nos grands magistrats des parlements. Ses vertus n'étaient-elles pas d'ailleurs de celles qui émanent, en le révélant, d'un foyer surnaturel ? Son intelligence était trop haute pour ne pas graviter vers l'infini tout en mesurant sa faiblesse, son âme trop affamée de justice et de charité pour ne pas s'élancer vers leur éternelle source. Arrivé à cette limite où nos efforts s'arrêtent, où notre orgueil expire, il s'abandonnait humblement à la religion des Pascal et des Bossuet, des de Harlay et des Malesherbes : toujours simple avec Dieu comme avec les hommes. Cette religion faisait sa force durant sa longue agonie ; elle l'entretenait de ses divines promesses, elle veillait à son chevet dans la personne d'un vénéré pasteur qui reconnut bien vite que cette âme d'élite était mûre pour le ciel. Près de ce lit funèbre veillaient aussi les affections de la terre. Si la famille du sang n'avait pu l'entourer, du moins la famille judiciaire s'y pressait avec douleur. Son noble chef y était le premier comme à un poste d'honneur; il y fut aussi le dernier, résumant avec une pieuse émotion dans sa personne le deuil de la magistrature.

Ainsi, Messieurs, s'éteignit, au milieu de la tristesse et des hommages publics, cette existence si pleine de mérites, cette forte nature *frappée à la vieille marque*, comme le disaient nos pères. C'était une lumière de moins pour éclairer la voie dans nos temps obscurs, une force de moins dans le combat sans trève du bien contre le mal. Aussi, quel retentissement de cette mort dans la ville de Riom, dans toute l'Auvergne, dans les quatre départements du ressort de la Cour! A voir l'émoi général, on aurait pu croire qu'une éclatante destinée venait de finir. Admirable puissance de la vertu! L'impression de cette perte est montée même jusqu'aux plus hauts sommets des régions officielles. Elle ne sera pas de sitôt oubliée, Messieurs. Elle vivra longtemps au sein de la magistrature de Riom, dans les souvenirs émus de l'amitié fidèle, dans les rangs de votre Académie qui l'honorait et l'aimait. Si elle a compté des membres plus renommés, elle n'en a jamais eu qui aient mieux mérité ses regrets et qui en aient laissé de plus profondément sentis.

Clermont, typ. Ferdinand Thibaud.